D1725719

HANS SIMON · DAS HERZ UNSERER STÄDTE

HANS SIMON

DAS HERZ UNSERER STÄDTE

Zeichnungen

europäischer Stadtzentren

des Mittelalters

BAND VII

VERLAG RICHARD BACHT GMBH · ESSEN

Herausgeber:
Deutsche Akademie für Städtebau und
Landesplanung e.V., München

Lithographie und Offsetdruck:
Richard Bacht GmbH, Grafische Betriebe,
Essen

Printed in Germany

ISBN-Nr. 3-87034-034-7

INHALT

GELEITWORT

Nun liegt der siebente Band der Reihe „Das Herz unserer Städte" vor. Neben Orten seiner engeren Heimat, dem 1000jährigen Rheingau, zeigt uns Hans Simon, der ehemalige Stadtbaurat von Wiesbaden, vorwiegend Hansestädte von Flandern über Westfalen und Norwegen bis nach Riga, Reval und Nowgorod. Damit wird die Serie der Stadtzentren des Mittelalters um wichtige Beispiele ergänzt.

Nach den ersten drei Bänden (1963, 1965, 1967), in denen ohne geographische Schwerpunkte Beispiele aus verschiedenen europäischen Ländern vorgestellt wurden, folgte 1974 ein Band über alemannische, 1980 ein Band über niederländische Stadtzentren; 1981 erschien eine Dokumentation mittelalterlicher Stadtzentren im Donauraum.

Der neue Band rundet das Bild der mittelalterlichen europäischen Städte ab. Auch die neuen Beispiele eröffnen wieder den Blick für die großartige Einheit der Strukturen europäischer Städte. Keine andere Darstellung als das gezeichnete Vogelschaubild könnte dies deutlicher machen. Auch noch so brillante Luftaufnahmen können die durch den kenntnisreichen Blick des Fachmannes analysierte und abstrahierte Struktur der Städte nicht ähnlich klar wiedergeben.

Die Deutsche Akademie für Städtebau und Landesplanung freut sich, daß die von ihr im Jahre 1960 iniziierte Publikation der Arbeiten von Hans Simon durch diesen neuen Band weiter dazu beiträgt, das Verständnis für die Qualität unseres baulichen Erbes zu vertiefen.

Professor Fred Angerer

Präsident der Deutschen Akademie
für Städtebau
und Landesplanung

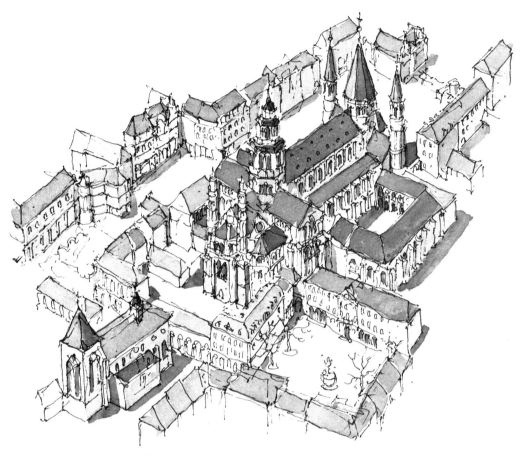

Mainz

Als ich vor 35 Jahren mit der zeichnerischen Darstellung mittelalterlicher Stadtzentren begann, geschah es in der Absicht, ihre Gestaltungsgesetze zu erkennen und für die mir als Planer gestellten Aufgaben nutzbar zu machen. Diese Untersuchung erschien damals notwendig, weil sich immer deutlicher herausgestellt hatte, daß sich die bis dahin geltenden Grundsätze der „Charta von Athen" für die Planung des Wiederaufbaus unserer zerstörten Altstädte nicht eigneten. Das gestörte Verhältnis der Architekten zu Straßen- und Platzräumen, die Bevorzugung des Zeilenbaus und die damit verbundene Diskreditierung geschlossener Außenräume ließen es wünschenswert erscheinen, die Ursachen für die großartigen Ergebnisse mittelalterlicher Stadtbaukunst zu ergründen. Dies konnte nicht besser geschehen, als sich an Ort und Stelle zeichnend umzusehen. In den sechs bisher erschienenen Bänden dieser Buchreihe wurde am Beispiel von 300 Stadtzentren dargestellt, wie unter Berücksichtigung der funktionellen und ethischen Grundlagen einer städtischen Gemeinschaft die stadtbaukünstlerischen Aufgaben in der damaligen Zeit gelöst wurden.

Beim Skizzieren der Stadtmittelpunkte konnten bisher nicht alle europäischen Regionen berücksichtigt werden. Im vorliegenden Band soll daher auf zwei Randzonen der mittelalterlichen Welt hingewiesen werden. Neben einigen Hafenorten an der norwegischen Westküste wird auf drei in den sowjetischen Ostseeprovinzen liegende Städte aufmerksam gemacht, deren Blüte auf die enge Verbindung mit der Hanse zurückzuführen ist, der in unserer Betrachtung ein besonderes Interesse eingeräumt wird. Zuvor werden einige der ältesten Römerstädte auf deutschem Boden gezeigt, die im Reigen unserer Städte bis heute einen hohen Rang einnehmen. Das Hauptaugenmerk gilt aber dieses Mal dem Rheingau, einem „Bauernland mit Bürgerrechten", weil in dieser gesegneten Landschaft jede Ansiedlung

städtische Eigenschaften aufweist. Eingeleitet wird diese Reihenfolge durch den Hinweis auf beispielhafte flandrische Städte, die bereits in einem der früheren Bände aufgenommen werden sollten, die aber zugunsten von Gent, Brügge und Mecheln zurückgestellt werden mußten.

Mit diesen 35 Darstellungen mittelalterlicher Stadtzentren soll die Dokumentation ihren Abschluß finden, die – wie mir wiederholt bestätigt wurde – manchen jungen Kollegen zum eigenen Nachdenken und zur Überprüfung angeregt hat.

Hans Simon

TOURNAI

Tournai, die alte Hauptstadt der Merowinger, trägt ihre Türme gleich einer Krone. Der strengen romanischen Kathedrale wurde um 1250 ein gotischer Chor angefügt, ein wahres Meisterwerk in kühnen schlanken Formen. Der Stadt, in deren Mitte sich die Kirche erhebt, war als Umschlagplatz wichtiger Handelsgüter am Schnittpunkt der großen Überlandstraße von Köln nach Boulogne mit der schiffbaren Schelde ein einzigartiger Aufstieg beschert. Hinzu kam ein blühendes Handwerk, besonders in der Stein- und Textilverarbeitung. Noch heute sieht man ihren Bauten den Reichtum

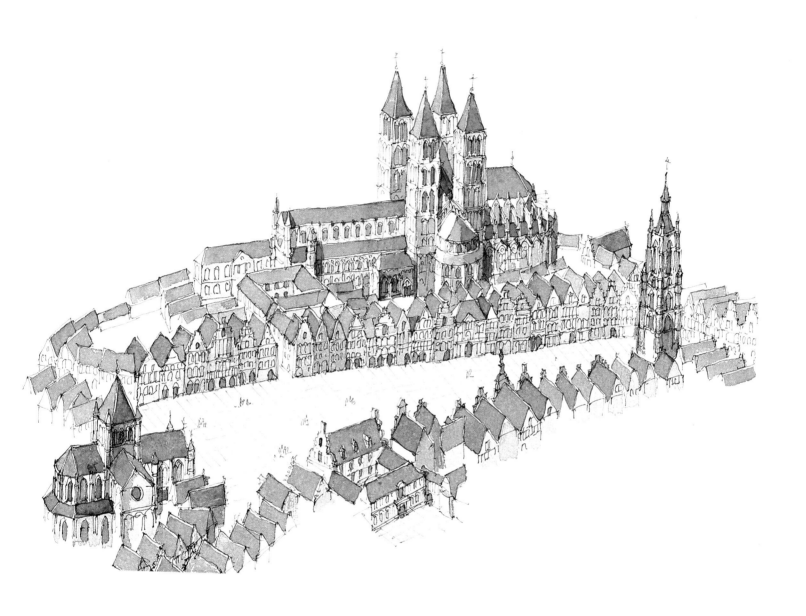

über lange Zeiträume des Mittelalters an. Zwar hat der Stadtkern mit seinen mehr als 1500 Bürgerhäusern im letzten Kriege schwer gelitten; beim Wiederaufbau hat man jedoch sehr einfühlsam Neues mit der noch vorhandenen Substanz verbunden. So wurde im wesentlichen der frühere Zustand wiederhergestellt. Auch die Tuchhalle ist in alter Schönheit wiedererstanden.

In das Platzbild wirken die fünf Türme der Kathedrale als mahnende Zeichen kirchlicher Dominanz hinein. Am östlichen Ende des langgestreckten Marktes steht nach seiner Restaurierung wieder der Belfried als Hinweis auf die früh erkämpfte Bürgerfreiheit. Den Höhepunkt der entgegengesetzten Schmalseite bildet die durch schmalbrüstige Bürgerhäuser eingerahmte Kirchenfront.

OUDENAARDE

Diese sympathische Stadt hat in ihrer langen Geschichte immer eine leidende Rolle gespielt. Sie wurde oft in die Streitigkeiten mächtiger Nachbarn hineingezogen und jedesmal hart gebeutelt. Es ist ein wahres Wunder, daß die beiden baulichen Juwele des Stadtzentrums, das großartige Rathaus und die Walburgkirche, nach allen Beschädigungen ihr ursprüngliches Aussehen zurückgewinnen konnten. Dem weiten Marktplatz geben schmucke Bürgerhäuser, ganz besonders aber die Kirche mit ihrem hohen feingliedrigen Turm und das spätgotische Rathaus bestimmte Akzente. Die Kirche steht mit ihrem überhöhten Mittelschiff brabantischer Prägung und dem gotischen Hallenchor als machtvoller Bau im Herzen der halb von der Schelde umschlossenen Stadt.

Im Blickpunkt der einen Schmalseite des großen Platzes hat sich eines der schönsten Rathäuser Flanderns erhalten. Im Erdgeschoß des Gebäudes öffnet sich an der Schauseite ein Laubengang. Der darüber beginnende schlanke Mittelturm ist kein Fremdkörper, sondern fest in die Front einbezogen. Er trägt auf seiner höchsten Spitze eine Krone, die auf die einstige Bedeutung der Gemeinschaft hinweist.

KORTRIJK

Im Kranze der flandrischen Städte hatte sich Kortrijk den Ruf besonderer Tapferkeit erworben, als seine Bürger gemeinsam mit den zu Hilfe geeilten Handwerkern aus Brügge und Ypern im Jahre 1302 ein französisches Ritterheer auf dem Groeningsveld vor den Toren der Stadt vernichteten und mit dieser Tat Flanderns Freiheit retteten. Nach diesem denkwürdigen Treffen hat man auf dem Schlachtfeld siebenhundert goldene Sporen gefallener Ritter gesammelt, von denen einige noch im Rathaus gezeigt werden. In der Schlacht der „Goldenen Sporen" konnte zum ersten Mal eine in der Bewaffnung weit unterlegene Fußtruppe eine bis an die Zähne bewaffnete Ritterschaft entscheidend schlagen, ein Erfolg freier Bürger, an den alljährlich am 11. Juli in einer Feierstunde auf dem Marktplatz erinnert wird. Die heutige Stadt hat allerdings nicht mehr viele bauliche Zeugnisse bewahren können, die auf die ruhmreiche Epoche ihrer Geschichte hinweisen. Der französische König ließ zur Vergeltung ganze Stadtteile niederbrennen und verschonte auch nicht das Zentrum, das sich in der Folgezeit nicht mehr regenerieren konnte. Auf dem Hauptplatz deutet zwar noch der Belfried auf den Status einer freien Stadt hin; die mit ihm verbundene Tuchhalle ist jedoch längst verschwunden.

Sehenswert ist der Beginenhof, der wie in anderen vergleichbaren Fällen ein regelrechtes Stadtviertel darstellt. Es gibt dort malerische Winkel mit niedrigen Giebelhäusern und kleinen Kapellen. Die frei angeordneten Wohnhäuser werden überragt vom feingliedrigen Turm der Martinskirche.

TRIER

Trier ist die bedeutendste Römerstadt auf deutschem Boden und blickt auf eine zweitausendjährige Geschichte zurück. Im Mittelalter bestand das Stadtzentrum aus der ummauerten Domfreiheit, an die sich nach Westen ein geräumiger Marktplatz anschloß, von dem alle Straßen ausgingen. Eine planmäßige Erweiterung der Marktsiedlung im 11. Jahrhundert reichte moselabwärts bis zum Simeonstift und zur Porta Nigra. Diese Innenstadtstruktur hat sich bis auf den heutigen Tag erhalten. Der sich zur Stadtkirche hin verbreiternde Marktplatz hat seine ursprüngliche Fassung zurückerhalten, seitdem die im Kriege zerstörte „Steipe" mit ihren Erdgeschoßlauben und ihrem hohen Dach wieder steht.

Das Gesicht des Domes, mit dem er sich der Stadt und den vom Markt näherkommenden Besuchern zuwendet, ist sein monumentales Westwerk mit der weit herausgezogenen Apsis. Man erblickt ein vor wenigen Jahren innen und außen restauriertes Bauwerk, das nun statisch gesichert und der durch die Beschlüsse des Zweiten Vatikanischen Konzils geänderten Gottesdienstordnung angepaßt ist.

AACHEN

Das Herz der Stadt in Aachen ist seit altersher der Dom Karls des Großen. Es berührt den Besucher der Kaiserstadt tief, dieses Bauwerk zu betrachten, das seine heutige Gestalt erst im Laufe einer tausendjährigen Geschichte erhielt. Am Münsterplatz und in den anschließenden Gassen drängen sich die Bürgerhäuser eng zusammen. Sie sind zu allen Tageszeiten mit Leben erfüllt und vermitteln mit ihren Gaststuben und Läden den Eindruck wahrer Urbanität. Auch der großflächige Katschhof zwischen dem Münster und dem nicht weniger bedeutenden Rathaus ist voller städtischer Geschäftigkeit. Von diesem einmaligen Ensemble geht eine symbolhafte Anziehungskraft aus, die Aachen über alle schweren Zeiten, selbst über die weitgehenden Zerstörungen im letzten Kriege, die Hoffnung auf ein Weiterleben bewahrt hat. Der Charakter der Altstadt blieb beim Wiederaufbau weitgehend erhalten. Das ist zwar in erster Linie das Verdienst eines tüchtigen Stadtbaurates; ihm halfen bei der Durchsetzung seiner Pläne besonders in den sechziger Jahren jedoch einige Bürgerinitiativen, die sich mit aller Entschiedenheit gegen den Umbau des Zentrums zu einer autogerechten Stadt wandten, mit dem Erfolg, daß man heute wie in früheren Zeiten in den Straßen flanieren, vor den Häusern an Tischen sitzen und die unverwechselbare Atmosphäre dieser lebenslustigen Stadt genießen kann.

Katschhof und Markt mit Dom
und Rathaus nach W. Fischer.

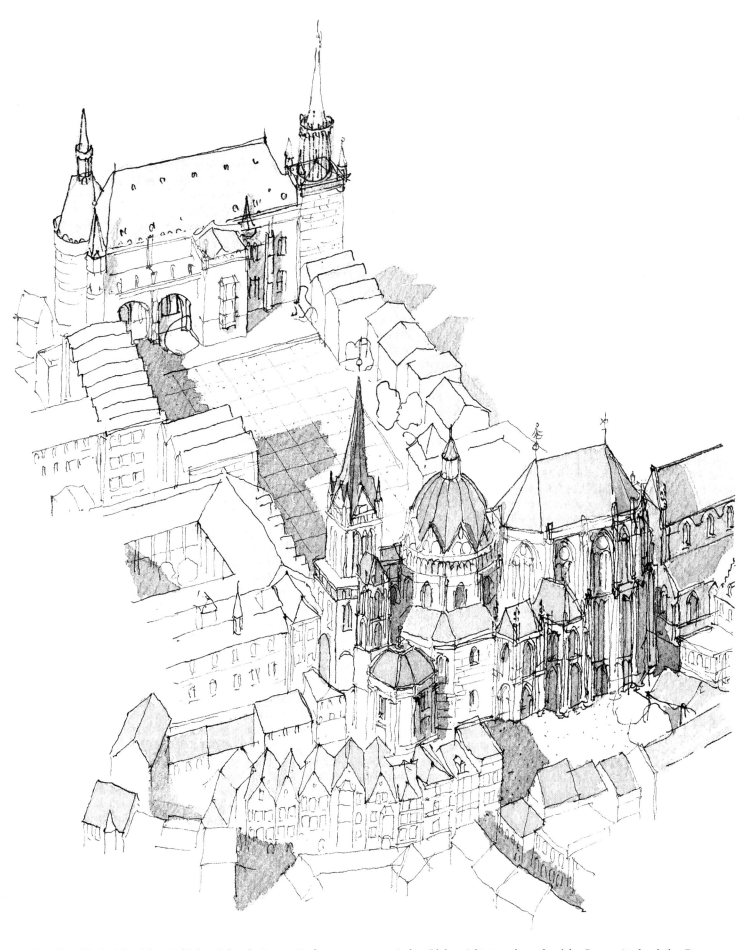

Der Katschhof wird auf der nördlichen Schmalseite vom Rathaus begrenzt, das im 14. Jahrhundert auf den Grundmauern der Karolin-gischen Pfalz errichtet wurde, und auf der Gegenseite durch den Dom, dessen ältester Teil der Rundbau der Pfalzkapelle Karls des Großen ist.

19

XANTEN

Xanten, die Stadt am Niederrhein, hat trotz arger Zerstörungen beim Aufbau nichts von der stimmungsvollen Wohnlichkeit verloren, die sie als Domstadt in der Vergangenheit ausstrahlte. Seit einigen Jahren ist die Stadt mit Erfolg bemüht, die baulichen Zeugen zweier Zeitalter ins rechte Licht zu rücken. Für unsere Betrachtung ist der Dombezirk und der im Südosten anschließende Markt von besonderem Interesse. Der Dom ist immer noch das Herz der Stadt. Er war früher streng gegen die Umgebung abgeschlossen; die Stiftshäuser umgaben die Kirche wie eine Mauer. Zwei Tore nur führten in die Stadt, eines davon auf den Marktplatz, dessen Ausdehnung der Domfreiheit angepaßt ist. Rings um den Platz wuchsen stattliche Bürgerhäuser, deren Ansichtsflächen im Wechsel zwischen Ziegeln und Haustein kunstvoll gestaltet wurden. Das „Gotische Haus" an der Platzecke ist ein gelungenes Beispiel der ortsüblichen Bauweise. Das in der Ansicht aus der Rheinebene vor dem Domchor dargestellte Gebäude mit dem Treppenturm ist das bauliche Relikt des Karthäuserklosters, eines der wenigen Stätten, die sich von den zahlreichen Ordensniederlassungen erhalten haben.

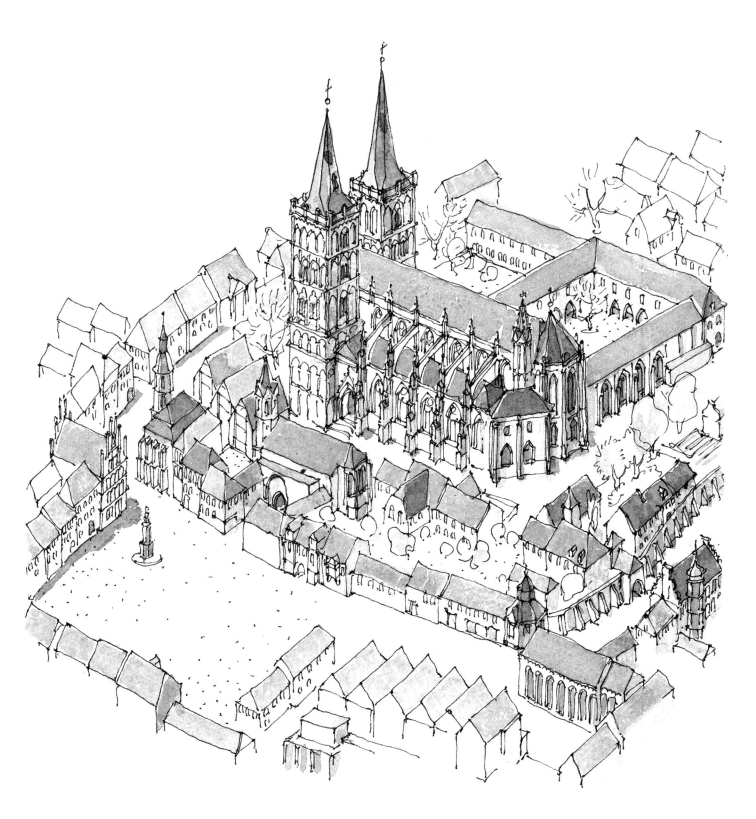

Das Turmpaar des Viktordomes ist das Wahrzeichen des niederrheinischen Landes. Nach der Zerstörung im Februar 1945 wurde entschieden, daß der ursprüngliche Zustand des Gotteshauses möglichst in allen Einzelheiten wiederhergestellt werden soll. Heute zeigt sich St. Viktor wieder in alter Gestalt.

MAINZ

Nach dem Kriege sah die Umgebung des Domes so aus, wie sie Karl Seidl 1948 dargestellt hat. Daß die Mainzer Innenstadt nach diesen Verheerungen wieder jene Anziehungskraft erhalten hat, die ihr durch die Jahrhunderte eigen war, kann mit vollem Recht als eine große Leistung der Bürgerschaft angesehen werden.

Die unmittelbare Nachbarschaft von Dom und Markt mit seinen früchtebeladenen Ständen, umgeben von Läden mannigfacher Art und erfüllt vom brausenden Leben einer geschäftigen Stadt, ist nichts Ungewöhnliches an einem Ort mit solch geschichtsträchtiger Vergangenheit. Grundriß des Mainzer Domes und die wechselvolle Baugeschichte bestätigen, daß dieses um das Jahr 1000 begonnene Bauwerk sich über alle Stilwandlungen hinweg immer wieder erneuern konnte, um schließlich so zu werden, wie wir es heute vor uns sehen.

Die dreischiffige Basilika hat ein östliches und ein westliches Querhaus, einen Chor im Osten und einen im Westen, drei Türme über dem Ostwerk und einen hohen Westturm von besonderer Ausprägung. An diesem Turm wurde 500 Jahre lang gebaut, und doch erscheint er von einer derartigen Harmonie, daß er mit dem gesamten Westwerk zu den ausgeglichendsten Turmanlagen Deutschlands gerechnet werden kann. An allen Seiten ist der Dom von Plätzen unterschiedlicher Funktion umgeben, an denen wichtige Gebäude stehen.

DER RHEINGAU

Schloß und Klosterkirche Johannisberg

Basilika in Mittelheim

Die Entstehung der zahlreichen baulichen Kostbarkeiten, eingebettet in eine gesegnete Landschaft, wäre ohne stete Anteilnahme des Mainzer Erzstiftes an der Entwicklung dieser zwischen Rheinstrom und Taunuskamm gelegenen Landschaft nicht möglich gewesen. Die Bewohner des Rheingaus hatten unter den Kurfürsten von jeher größere Freiheiten als diejenigen der angrenzenden Gebiete. Um diese in der Veroneser Schenkung vor 1000 Jahren durch Otto den Zweiten ausdrücklich bestätigten Privilegien zu bewahren, handelten die Rheingauer wie Stadtbürger. Sie umgaben ihr Gebiet mit einem Schutzwall, allerdings nicht aus Stein wie in den Städten. Sie legten ein etwa 50 Meter tiefes „Gebück" aus miteinander verflochtenen Bäumen an, deren Äste sich zu einem undurchdringlichen Geflecht verknüppelten. Tatsächlich hat diese Befestigung bis zum Dreißigjährigen Krieg allen Feinden das Eindringen verwehrt. Im Schutze dieser Anlage und gefördert durch die Mainzer Kurie entwickelte sich der Rheingau zu einer stadtähnlichen Gemeinschaft, die sich selbst verwaltete. Durch Weinbau und Weinhandel kamen die Bewohner zu einem soliden Wohlstand, der sich in bemerkenswerten Bauten niederschlug. Die Benediktinerabtei Johannisberg wurde um das Jahr 1000 als erstes Kloster gegründet. Es folgte 1130 die Augustiner-Klosterkirche in Mittelheim. Den größten Einfluß auf die landwirtschaftliche und kulturelle Entwicklung des Rheingaus muß man dem Kloster Eberbach zubilligen, das durch Zisterzienser-Mönche zwischen 1140 und 1220 als romanische Anlage erbaut wurde.

Kloster Eberbach

NIEDERWALLUF

Der Walluf-Bach mit dem „Gebück" ist die Ost-
grenze des Rheingaus; aber so klar die Grenzlinie
durch den Bachlauf bestimmt ist, so ging es doch
immer um Grenzflächen, die umstritten waren. So
lag der Kern Niederwallufs ursprünglich einige hun-
dert Meter außerhalb der Grenzbefestigung, was
durch Reste der alten Johanniskirche und den
Grundmauern einer Turmburg eindeutig bezeugt ist.
Aus Sicherheitsgründen erschien es den Wallufern
aber ratsam, sich hinter das Gebück zurückzuzie-
hen. Am Standort der vorhandenen Adelheidkapelle
wurde eine Pfarrkirche gebaut, um die sich das neue
Dorf gruppierte. Der Blick in die benachbarten Straßen ist lohnend. Auf der Skizze wird der Straßen-
raum durch den Giebel eines Gasthauses begrenzt.

MARTINSTHAL

Martinsthal entstand aus dem gleichen Drang nach Schutz und größerer Freiheit. Als 1363 der Mainzer Erzbischof allen Bewohnern der außerhalb des Rheingaus liegenden Orte bei Umsiedlung eine zehnjährige Steuerfreiheit zusagte, verließen die Bauern von Rode und Glimmenthal geschlossen ihre Höfe und zogen über den Bach nach Westen. Sie bauten sich an einer erhöhten Stelle eine Kirche, nicht unähnlich der wohl zur gleichen Zeit erbauten Johanniskirche im benachbarten Walluf, grenzten sie mit einer Stützmauer gegen den Marktplatz ab und umgaben sie mit stattlichen Häusern wie dem Gasthof „Zur Krone", in dem auf einem seiner Durchzüge Napoleon I. für einige Tage Quartier nahm. Seit mehr als 600 Jahren ist in den bedeutenden Martinsthaler Lagen der Weinbau bezeugt. Im Dorf gibt es alte Weinhöfe und Wirtschaften, die es zu einem beliebten Ausflugsort machen.

ELTVILLE

Bedeutsam für Eltvilles Rang in der Geschichte des Rheingaus ist die günstige Lage in seiner Mitte und die geringe Entfernung von Mainz, dessen Erzbischöfe bei Unstimmigkeiten mit der eigenen Bürgerschaft schnell in die Eltviller Burg ausweichen konnten und dort in Sicherheit waren. Das historische Stadtbild ist durch die Dreiheit von Burg, Kirche und Adelshöfen bestimmt. Die Bürgerhäuser mußten sich nördlich davon bis zur Stadtmauer zusammendrängen. Eltville hatte zwar 1332 als einziger Ort des Rheingaus Stadtrechte erlangt, bot aber wenig Anreiz für einen Zuzug, weil ja der ganzen Landschaft die Freiheiten einer Stadt zukamen. Als „Bauernland mit Bürgerrechten" hat Wilhelm Heinrich Riehl den Rheingau charakterisiert. Um frei zu sein, brauchte man nicht in die Stadt zu ziehen.

Die Rheinfront mit ihren Wohngebäuden und den Resten der kurfürstlichen Burg konnte dank des Einspruches einer Bürgerinitiative in ihrem vertrauten Zustand erhalten werden. Zur Entlastung der mitten durch die Stadt führenden Verkehrsstraße war geplant, entlang des Rheinufers eine Umgehungsstraße zu bauen. Durch diese Maßnahme wäre die wertvolle Stadtansicht für alle Zeiten beeinträchtigt worden. Es ist zu hoffen, daß die notwendige Verkehrsumleitung durch den Bau einer Nordumgehung verwirklicht werden kann.

RAUENTHAL

Rauenthal führt seine Gründung auf fleißige Bauern zurück, die ihren Besitz im außerhalb des Gebücks gelegenen Königssondergau in unsicheren Zeiten aufgegeben und im Rheingau Schutz gesucht und gefunden hatten. Durch den Ortswechsel profitierten sie von dem freiheitlichen Status, wie er im „Rheingauer Weistum" von 1324 verbrieft ist. Zu den im Weistum genannten Rechten gehörten der freie Zutritt zur Landesversammlung, das Marktrecht und der Anspruch auf Nutzung der Wälder für Brennholz und Weide. Mit den Rechten waren selbstverständlich auch Pflichten verbunden, darunter die Landesverteidigung.

Die Kirche, ein schlichter spätgotischer Bau, stammt aus dem 15. Jahrhundert. Sie wurde damals hauptsächlich aus Stiftungsmitteln errichtet, was ein Hinweis auf den soliden Wohlstand jener Zeit ist, der über Rauenthal hinaus für den ganzen Rheingau galt. Umgeben ist der durch eine Stützmauer gegen die ansteigenden Straßen eingefriedete Marktplatz von ansehnlichen Fachwerkhäusern. Rauenthal hat seine Eigenart als Winzerdorf bewahren können. Es gibt allenthalben Weinkeller und wohl auch ein Kelterhaus. Es fehlen den Gehöften andere Wirtschaftsgebäude, da Viehbestand kaum vorhanden ist.

KIEDRICH

Der alte Friedhof mit Valentinskirche,
Michealskapelle und Kreuzigungsgruppe.

Die städtebauliche Entfaltung des „gotischen Weindorfes" im Mittelalter hängt eng zusammen mit der Wallfahrt zum Kirchenpatron St. Valentin, die weit über den Rheingau hinaus Bedeutung gewann. Zudem verhalf die Nähe des Zisterzienserklosters Eberbach zu einem regen Austausch von Erfahrungen über einen ertragreichen Weinbau. Auch die Überwachung des Warenverkehrs auf dem Handelsweg zur Lahn verhalf zu Einnahmen. So konnte sich Kiedrich zu einer Ansiedlung wertvoller Kultbauten entwickeln, die von ebenso aufwendig gestalteten Bürgerhäusern umgeben sind. Der Weg durch den Ort führt an gut erhaltenen Fachwerkhäusern vorbei. Der ansteigende Marktplatz wird durch ein Gasthaus mit einem schönen Erker begrenzt. An der Westseite des Platzes steht das Rathaus, ein ungewöhnlich stattlicher Bau mit reicher Gliederung. Gen Osten verbirgt sich hinter einer Umfassungsmauer ein heiliger Bezirk von hohem baukünstlerischem Rang. Um den einstigen Friedhof gruppieren sich Pfarrkirche, Michaelskapelle und Pfarrhaus. Gemeinsam mit einer Kreuzigungsgruppe entstand ein Dokument mittelalterlicher Religiosität, wie man es selten so harmonisch antrifft.

WINKEL UND RÜDESHEIM

Das „Graue Haus" in Winkel wird
nach einer gründlichen Renovierung
durch die Familie, die es seit 1330
besitzt, als noble Gaststätte genutzt.

Der Klunkhardshof in Rüdesheim
schmiegt sich mit seiner Front
dem Verlauf der Stadtmauer an.

Der Brömserhof in der Rüdesheimer Obergasse birgt neben einem Ziehbrunnen ein Steinhaus von 1511, an das der spätgotische Wohnturm angebaut ist.

Rhabanus Maurus, den seine Zeitgenossen als einen „Praeceptor Germaniae" verehrten, soll um 850 das „Graue Haus" in Winkel zu seinem Alterssitz gewählt haben. Es ist gewiß das älteste noch heute genutzte Steinhaus auf deutschem Boden und gibt einen Hinweis auf die frühen Beziehungen des Rheingaus zum Mainzer Stuhl. Auch in Rüdesheim gibt es einige Höfe, die den Geist mittelalterlicher Baugesinnung ausstrahlen. Im Stadtplan kann man noch heute den Umfang des fränkischen Haufendorfs erkennen, das vom Klunkhardshof bis zum heutigen Markt reichte, an dem die Kirche mit ihren Schießscharten eine alte Wehranlage erkennen läßt. Die Familie Brömser erbaute sich einen repräsentativen Wohnhof, dessen dreigeschossiger Fachwerkturm allerdings nicht mehr zu Verteidigungszwecken bestimmt war.

LORCH

Eine Felsbarriere im Rhein, die auf dem Landweg umgangen werden mußte, hatte Lorch schon früh zu einem Warenumschlagplatz gemacht. Die wirtschaftliche Bedeutung des Ortes machte seine Sicherung durch Mauern und Türme notwendig. Siedlungskern seit der fränkischen Zeit bildete die Hochterrasse des heutigen Kirchplatzes und des Römerberges, der sich bis zum Friedhof erstreckt. Das schnelle Wachstum der Einwohnerschaft machte eine Ausdehnung des Siedlungsbereiches über die Wisper notwendig und erzwang eine Vergrößerung der Kirche. Interessant ist die deutlich bemerkbare Brechung der Chorachse. Sie hat allein bautechnische Ursachen; denn bei einer verlängerten Chorachse wäre man genau auf den bereits als Wehranlage vorhandenen Turm gestoßen. Das Innere der Kirche überrascht durch seine reiche Ausstattung.

Es gehört zu den Besonderheiten des Rheingaus, daß die Adelssitze mitten in den Ortschaften zu finden sind, so in Lorch das Haus des Feldhauptmannes Hans von Hilchen, das seine reich gegliederte Giebelfront dem Rhein zukehrt.

BACHARACH

Drei Gebäude sind es, die neben den Verteidigungstürmen und den gut erhaltenen Fachwerkhäusern das Stadtbild von Bacharach bestimmen: die spätromanische Pfarrkirche, die Ruine der Wernerkapelle und Burg Stahleck, welche mit ihrem Palas und dem Bergfried die Stadt hoch überragt. Im Mittelalter muß der am Beginn einer in den Soonwald führenden Straße gelegene Rheinort eine besondere Rolle gespielt haben. Es wäre sonst kaum zu verstehen, daß Kaiser Karl IV. seine Hochzeitsfeier mit der Tochter des Pfalzgrafen gerade hier gefeiert hat. Noch heute kann man in Bacharach eine erfreuliche

Gastlichkeit erleben, nicht nur in den zahlreichen gut geführten Wirtschaften, sondern ebenso in den Räumen der Jugendburg Stahleck.

Die in beachtlichen Resten erhaltene Befestigungsanlage mit ihren Mauern, Toren und Türmen weist auf die strategische Bedeutung der Ortschaft hin. Die Wernerkapelle mit den hochragenden Fensteröffnungen und dem feinen Maßwerk aus rotem Sandstein hat vor ihrer Beschädigung durch einen Steinsturz gewiß zu den schönsten spätgotischen Kirchen gehört. Noch als Ruine steht sie vor uns in einer Vollendung, die uns anrührt.

LIMBURG

Von der Fluß- und Brückenseite erlebt man die hoch auf dem Kalkfelsen thronende siebentürmige Baugruppe des Domes in ihrer ganzen Schönheit.

Ein Luftbild zeigt deutlicher als die normale Sicht die einzigartige Lage der aus Burg und Kirche bestehenden Baugruppe, zu deren Füßen sich die Stadt halbkreisförmig bis zur Lahnbrücke schmiegt. Auf einem Felsrücken hoch über dem Fluß wurde im 13. Jahrhundert der Dom gleich einer Gottesburg errichtet. Trotz vielfältiger Einflüsse und Anregungen, so aus Tournai und aus Xanten, ist der Bau ein einheitliches Werk heimischer Tradition. Nach seiner gründlichen Restaurierung, die den ursprünglichen Verputz und die alte Farbgebung einschloß, gleicht er wieder in allen Teilen dem Urbild. Die Burg setzt sich aus einer Gruppe unterschiedlicher Wohngebäude zusammen. Das eindrucksvolle Nebeneinander von Burg und Kirche ist besonders von der Ostseite her zu erkennen.

Aus der Stadt mit ihren schmalen, von hohen
Fachwerkhäusern gesäumten Gassen führen viele
Wege hinauf zum Domplatz, so auch die große Dom-
treppe, die aus der Vogelschau im Vordergrund zu
ersehen ist.

GELNHAUSEN

Beide Städte haben sich in Anlehnung an eine staufische Kaiserpfalz entwickelt. Im 12. Jahrhundert wurden am Neckar und an der Kinzig Pfalzen als repräsentative Wohnstätten für die Herrscher des abendländischen Reiches errichtet. Zugleich gründete Friedrich I. in unmittelbarer Nähe freie Reichsstädte, deren Bürger es sich im Schutze der Festen wohlsein ließen. In Gelnhausen befand sich am Kreuzungspunkt alter Völkerstraßen und der einst schiffbaren Kinzig der Standort eines frän-kischen Königshofes; aber erst nach der Erhebung zur freien Reichsstadt entwickelte sich der Ort zu einem wohlhabenden Handelsplatz. Mittelpunkte der historischen Stadt sind der Obermarkt und der abschüssige Untermarkt, der von der Silhouette der Marienkirche beherrscht wird, deren Baumeister allem Anschein nach die zeitgenössischen Kunstrichtungen im Raume Mainz und Limburg gut kannte, der aber doch ein Werk von persönlicher Eigenart zustande brachte.

WIMPFEN

Hoch über dem Neckartal liegt ein mittelalter-
liches Juwel: die alte Kaiser- und Freie Reichsstadt
Wimpfen. Die Stadt hat Glanz und Last einer wech-
selvollen Geschichte erlebt, die durch Blütezeiten,
Erschütterungen, Brandschatzungen und Belage-
rungen geführt hat. Geblieben sind viele interessan-
te Bauten vergangener Jahrhunderte, bedeutende
Kirchen, idyllische Fachwerkhäuser, im Tal die früh-
gotische Ritterstiftskirche und auf dem Berg die
Kaiserpfalz Barbarossas.

OSNABRÜCK

In Osnabrück findet man alle Bauwerke, die das geschichtliche Herz der Stadt bilden, auf engem Raum vereint. Da steht das gewaltige Werk des Domes mit seinen Begleitbauten. Der achteckige Vierungsturm gibt zusammen mit dem ungleichen Turmpaar im Westen der ganzen Anlage eine von anderen Domkirchen selten erreichte großartige Wirkung. Wenngleich bis zum Spätmittelalter alle einander folgenden Stilepochen am Dom ihren Niederschlag gefunden haben, ist der Bau doch in seinem wesentlichen Charakter die Bischofskirche der Entstehungszeit geblieben.

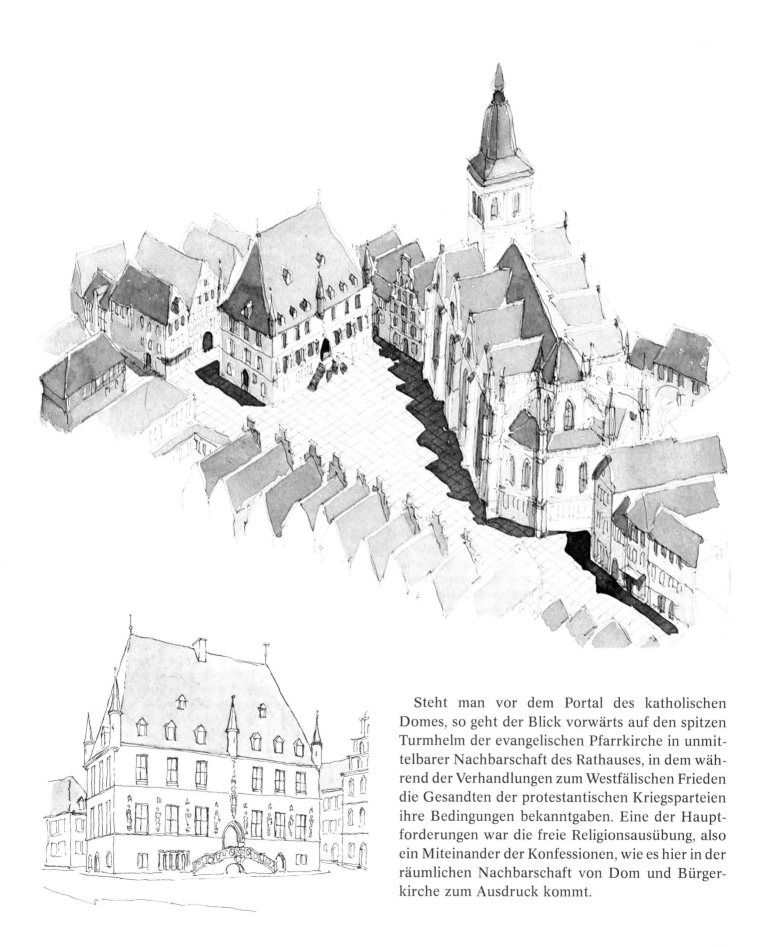

Steht man vor dem Portal des katholischen Domes, so geht der Blick vorwärts auf den spitzen Turmhelm der evangelischen Pfarrkirche in unmittelbarer Nachbarschaft des Rathauses, in dem während der Verhandlungen zum Westfälischen Frieden die Gesandten der protestantischen Kriegsparteien ihre Bedingungen bekanntgaben. Eine der Hauptforderungen war die freie Religionsausübung, also ein Miteinander der Konfessionen, wie es hier in der räumlichen Nachbarschaft von Dom und Bürgerkirche zum Ausdruck kommt.

SOEST

Soest hat einen wohlerhaltenen Stadtkern, dem man die Bedeutung ansieht, welche das Gemeinwesen im Kreise der westfälischen Städte einnahm. Soest war zu allen Zeiten mehr als eine wohlhabende Landstadt. Im 12. Jahrhundert schon wurde das Soester Stadtrecht als derart fortschrittlich angesehen, daß es von Neugründungen, wie etwa Lübeck, ohne Änderung übernommen wurde. Auf die Entstehung der Hanse hat Soest bedeutenden Einfluß genommen. Um 1300 bereits hatte die Stadt eine außerordentliche Wirtschaftskraft und eine hohe kulturelle Blüte erreicht, was man noch heute an der Gestaltung der Bauwerke ablesen kann.

Der Turm der Patrokluskirche ist im Stadtbild nicht zu übersehen. Er erscheint in der Straßenführung stets als ein mit voller Absicht ausgewählter Blickpunkt.

Im Herzen der Stadt steht der Patroklusdom mit seinem kräftigen aufgegiebelten Turm. Es ist ein Bau von groben Massen und ernster Schmucklosigkeit, bei dem allein die Mauern und der schwere Rhythmus der Gliederung sprechen. Wie das Schiff ein Werk der Kirche, so ist der Turm ein Bauwerk der Bürgerschaft, weil er zur Aufnahme der Rüstkammer bestimmt war. Wie leicht und freundlich stehen neben dem machtvollen Dom die anderen Gotteshäuser, unter ihnen die im 14. Jahrhundert gebaute Wiesenkirche, eine der kostbarsten Kirchen jener Zeit, voll heiterer Anmut und reiner Form.

PADERBORN

Das Quellgebiet der Pader ist der Stadtmittelpunkt. Hier legte Karl der Große eine Pfalz an als Stützpunkt in seinen langen Kriegen zur Christianisierung der Sachsen. Dieser Bau wurde die Keimzelle der Bischofs- und Hansestadt. Als ein markanter Meilenstein am Hellweg fand das Rathaus seinen Platz. Nach dem Vorbild eines Bauernhofes der Umgebung gestaltet, gilt dieser Bau mit seiner dreigiebeligen Fassade als Ausdruck bodenständigen Kunstschaffens. Ein kurzer Weg durch den „Schildchen" führt zum Markt, an dessen Nordseite sich der Dom als Sinnbild christlichen Glaubenseifers erhebt. Sein wuchtiger Turm überragt grüßend die Stadtsilhouette. Der unbebaute Platz an der Südseite des Domes diente als Friedhof. Neben dem Rathaus und dem Dom besitzt Paderborn eine große Zahl Baudenkmale, was bei der Bedeutung der Stadt als geistig-kulturelles Zentrum des östlichen Westfalen zu erwarten ist.

LEMGO

Erst kurz nach 1200 tauchen Anzeichen für kommunales Wesen in Lemgo auf, in einer Stadt, die sich in der Folgezeit gut entwickelte und in späthansischer Periode fernhändlerische Aktivitäten zeigte, die bis nach Nowgorod im Osten und zum flandrischen Brügge im Westen reichten. Der Stadtgrundriß trägt für die Entstehungszeit unverkennbar moderne Züge. Von dem einstigen Burgbezirk ziehen drei lange Parallelstraßen ostwärts. Zwischen den beiden südlichen ist ein rechteckiger Marktplatz ausgespart. Vor dem Ostertor laufen die Längsstraßen sternförmig zusammen. Mit diesem Grundplan wurde Lemgo das Modell für eine ganze Reihe von jüngeren lippischen Gründungsstädten.

Die Anfänge zum Bau der Marienkirche führen ins 13. Jahrhundert zurück. Damals sollte die Stadt ein neues Gotteshaus bekommen, das in seiner Größe der schnell wachsenden Einwohnerzahl entsprach. Man baute es ungeachtet des lockeren Baugrundes in der Flußniederung der Bega. Mit der mangelnden Tragfähigkeit des Bodens hat man immer noch zu kämpfen. Erst um die Mitte der sech-

ziger Jahre wurde die Kirche wieder einmal einer Generalerneuerung unterzogen; es waren nicht wie anderwärts Kriegsschäden, sondern Naturkräfte, die dazu zwangen. Auch das Rathaus wurde restauriert und bildet mit zahlreichen stattlichen Bürgerhäusern ein sehenswertes Ensemble aus einer Zeit, da Lemgo eine bedeutende Stadt eigener Gerechtsame und Glied der Hanse war.

HAMELN

Die Fachwerkhäuser sind oft mit Erdgeschoßlauben versehen.

Osterstraße mit Stiftsherrenhaus und Giebel des Hochzeitshauses.

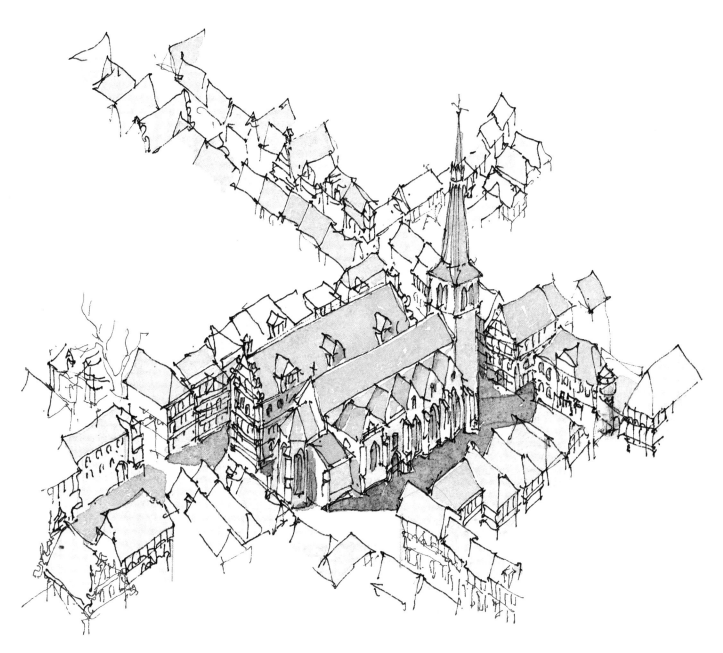

Hameln wird im Jahre 800 zum erstenmal erwähnt. Auf dem linken Weserufer gründeten Mönche der Abtei Fulda die Münsterkirche. Dieses Gebäude wurde der Kern einer Stadt, die sich nach Beendigung der Sachsenkriege in raschem Aufstieg entwickelte. Hameln besitzt einen der wenigen von Kriegsschäden verschonten mittelalterlichen Stadtkerne mit denkmalwürdigen Bauten aller Art. Die Altstadt weist immer noch eine gesunde Mischung von Wohn- und Geschäftshäusern auf, und es ist erfreulich, daß die Stadtverwaltung bestrebt ist, diesen für eine stetige Weiterentwicklung günstigen Zustand beizubehalten. Die Stadt hat eine herrliche Umgebung, die durch Erschließung der Werderinseln im Erholungswert noch verbessert werden kann. Die Qualität der mittelalterlichen Bausubstanz und die Vorzüge der Lage am Strom lassen die Stadt zu einem Anziehungspunkt erster Ordnung werden. Auch die Rattenfängersage weckt das Interesse, die Stadt an der Weser kennenzulernen.

HILDESHEIM

Die Stadt Hildesheim geht in ihren Anfängen auf zwei Wurzeln zurück. Der Hauptantrieb war die mittelalterliche Frömmigkeit, die sich in Kirchbauten ausdrückte, die allgemeine Bewunderung verdienen. Die zweite, nicht minder überzeugende Eigenschaft der Hildesheimer war zu allen Zeiten ihr gesundes Gespür für den Nutzen wirtschaftlicher Betätigung. Diese besondere Begabung befähigte die Bürger, die günstige Verkehrslage am Handelsweg zwischen Rhein und Elbe einer blühenden Wirtschaft nutzbar zu machen. So wurde die

Spanne des Mittelalters eine Blütezeit auch des bürgerlichen Bauwesens. Als Zeugnis einer soliden Wohlhabenheit und eines hohen handwerklichen Leistungsstandes entwickelte sich ein Stadtbild, das bis zu seiner Zerstörung im März 1945 ein eindrucksvolles Zeugnis mittelalterlicher Baukunst war. Der Markt hat mit dem Verlust der Fachwerkhäuser sein einst so einheitliches Gesicht verloren. Er weist aber mit dem Rathaus und dem Giebel des Templerhauses noch zwei repräsentative historische Bauten auf, die sich sehen lassen können.

In den Skizzen ist noch das ehemals schönste Holzhaus,
das Knochenhauer-Amtshaus, eingezeichnet, obwohl es
nicht mehr steht.
Da es bis auf die Fundamente zerstört war,
konnte es nicht wiederaufgebaut werden.

BREMEN

Im historischen Stadtzentrum Bremens liegen alle für die Bürgergemeinschaft wichtigen Gebäude nahe beisammen: der Dom als des Erzbischofs Residenz, das Rathaus als der Bürgerschaft Symbol, die Frauenkirche als des Rates und der Gemeinde Gotteshaus. Unmittelbar vor der Rathausfront ist seit 1404 der Roland aufgerichtet. In steinerner Ruhe steht er dort als Zeichen der Stadtfreiheit, den Blick abweisend gegen den Dom, den Machtanspruch des Erzbistums, gerichtet. Der bremische Rathausplatz ist eine wahre Stadtmitte. Zum Lobe des Rathauses wurde schon viel Ehrendes gesagt. Es ist ein außen und innen prunkvolles Haus, erbaut zu Beginn des 15. Jahrhunderts; genau 200 Jahre später mit einer neuen Fassade versehen, die zu den schönsten Europas gezählt wird. Gegenüber am Markt steht der Schütting, ein prächtiges Gebäude in der Nachbarschaft nobler Giebelhäuser. Seit einigen Jahren erhebt sich an der östlichen Platzwand der Neubau des Parlaments, der anstelle der alten Börse errichtet wurde. Denkt man an die Anfänge der Stadtbildung, so ist es zweifellos der Dom, dem die größere Bedeutung zukommt. Er beherrscht den Platz mit seiner zweitürmigen Westfront in eindringlicher Weise und verleiht dem Ensemble hohe Würde.

MAGDEBURG

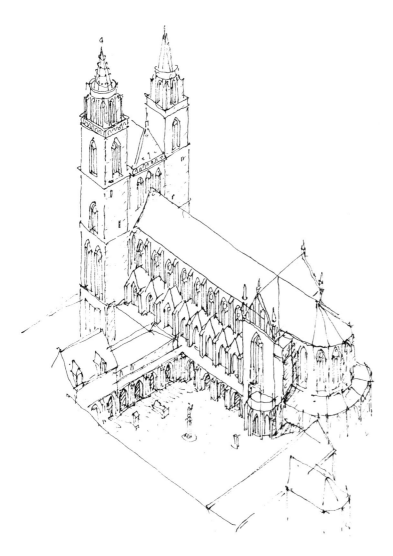

Der Dom wendet wie die Johanniskirche seinen Chor dem Strome zu.
Im Süden schließen sich die Stiftsgebäude an.

Die Liebfrauenkirche aus dem Jahre 1063 wurde im letzten Krieg zerstört.
Nach ihrem Wiederaufbau dient sie als Konzertsaal.

Unter Otto I. schlug Magdeburgs Stunde, in der dieser Platz am Elbübergang für kurze Zeit zu weltgeschichtlicher Bedeutung emporstieg. Hieraus ergab sich ein städtebaulicher Neubeginn, der Magdeburg zu einer der frühesten stadtähnlichen Ansiedlungen im ostfälischen Raum werden ließ. Die Marktsiedlung, die als Umschlagplatz für den Osthandel an Bedeutung gewann, lag wohl schon damals an der jetzigen Stelle in der Nähe der Johanniskirche. Die Wände des Marktplatzes wurden aber erst nach der Zerstörung Magdeburgs im Jahre 1631 neu gefaßt. Weit mehr als von der Marktsiedlung weiß man von der Entstehung der Domimmuni-

tät. Otto bestimmte die erzbischöfliche Kathedrale zum kirchlichen Mittelpunkt der slawischen Welt. Fast alle Kirchbauten des 10. und 11. Jahrhunderts stehen dicht am Rande des Hochufers und bieten sich in eindrucksvoller Größe dar. Die Aussichtsseite der Stadt richtet sich ebenfalls nach Osten. Der Steilhang gibt den Sockel für die Stadtsilhouette ab.

ROSTOCK

In Rostock wurde nach einer zunächst anderweitigen Orientierung die Petrikirche zur Keimzelle der Stadt. Teils praktische Notwendigkeiten, wie die Schaffung eines Friedhofes, doch gewiß auch das Bestreben, durch den maßstäblichen Unterschied zwischen den feingliedrigen Giebelhäusern und den gewaltigen Abmessungen des Kirchenschiffes dessen Wirkung zu steigern, rückte man die Kirche etwas vom Markt ab. Immerhin erhielten die in den Massen ehemals recht bescheidenen Wohnhäuser nach dem Stadtbrand von 1671 ganz beachtliche Höhen; doch können sich durch ihre Anordnung in der Diagonale sowohl die Kirche als auch das Rathaus mit seiner Scheinfassade behaupten. Von Rostock und den benachbarten Hansestädten des wendischen Kreises gingen Impulse aus über Wisby nach Riga, Reval und Nowgorod, aber genauso zu den Städten der norwegischen Westküste.

STAVANGER

In Skandinavien spielte sich die frühe Geschichte zwischen Bauerngut und Königshof ab. Nur aus wenigen der Fischer- und Handelsorte wurden richtige Städte. Das urbane Leben, welches uns im übrigen Europa begegnet, fand keinen ausreichenden Boden. Oft mußten fremde Kaufherren bei der Stadtentfaltung mitwirken. In unserer Beispielsammlung sollen drei Orte der norwegischen Westküste dargestellt werden, die sich durch die Nähe zu den Schiffahrtswegen und die günstige Anlandemöglichkeit im Mittelalter zu beachtlichen Ansiedlungen mit allen Merkmalen einer Stadt entfalten konnten. Alle drei waren zuweilen Königsresiden-

zen und haben ihre Bedeutung als kulturelle und wirtschaftliche Mittelpunkte eines größeren Umlandes bis heute bewahrt. Stavanger gehört zu den ältesten Städten Norwegens. Bereits im 12. Jahrhundert entstand aus einer Fischersiedlung ein Hafenort, der regelmäßig von den Kaufleuten der Hanse aufgesucht wurde, die dort Salz und Getreide gegen den als Fastenspeise begehrten Hering eintauschten. Lange Zeit war Stavanger Königsresidenz. Die Entwicklung der Stadt erhielt aber ihren Hauptantrieb aus ihrer Eigenschaft als Bischofssitz. Um 1100 baute ein Geistlicher aus Winchester auf einem erhöhten Platz die erste Kirche. Dieser Holzbau wurde bald

durch eine größere Anlage aus Stein ersetzt, in deren Nachbarschaft sich ein Markt entwickelte. Im 13. Jahrhundert erhielt der Dom durch den Anbau eines gotischen Chores seine endgültige Gestalt.

Als nach der Reformation der Bischof abwanderte und durch den Niedergang der Hanse der Handel zurückging, fiel die Stadt in eine Rezession, die bis zum Beginn dieses Jahrhunderts anhielt. Heute ist Stanvanger die zukunftsträchtigste Stadt ganz

Norwegens. Der Hafen ist Stützpunkt für die Ölgewinnung in der Nordsee. Von ihm aus werden die Bohrinseln versorgt, hier strömen alle Fachkräfte zusammen, die für dieses gewaltige Unternehmen gebraucht werden. Der plötzliche Aufschwung hat sich auf die städtebauliche Entwicklung ungünstig ausgewirkt. Wenn man das früher so vertraute Stadtzentrum betritt, findet man sich auf den Straßen und Plätzen kaum mehr zurecht.

BERGEN

Am Rande ihrer Ansiedlung auf einer Anhöhe bauten die Neubürger ihre Kirche, eine der schönsten romanischen Kirchen Norwegens.

Seit der Frühzeit der wichtigste Hafenplatz an der Westküste und im 13. Jahrhundert Norwegens Hauptstadt, besitzt Bergen in seiner Hafenfront ein bemerkenswertes Beispiel mittelalterlichen Städtebaus. An einer durch die benachbarte Burg „Bergenhus" geschützten Stelle am Vagen ließen sich im 14. Jahrhundert deutsche Kaufleute nieder. Sie übernahmen bereits vorhandene Bauwerke der alten Hafenstadt, bauten sie für ihre Zwecke zu einem System von Kaufhöfen, Kontoren und Speichern mit Wohn- und Gemeinschaftsanlagen aus und schufen

einen gut funktionierenden Handelsstützpunkt, der „Tyskebryggen", Deutscher Kai, genannt wird. Alle Einrichtungen liegen an senkrecht zur Anlegestelle angeordneten langgestreckten Höfen, die alle Warenspeicher auf kurzem Wege mit dem Kai verbinden. Dadurch war eine schnelle Be- und Entladung der Koggen gewährleistet. Die deutschen Kaufherren machten Bergen groß, und der Vorzug als Handelsplatz hat die Zeit der Hanse überdauert. Noch immer ist Bergen der beherrschende Hafen- und Wirtschaftsplatz Norwegens.

TRONDHEIM

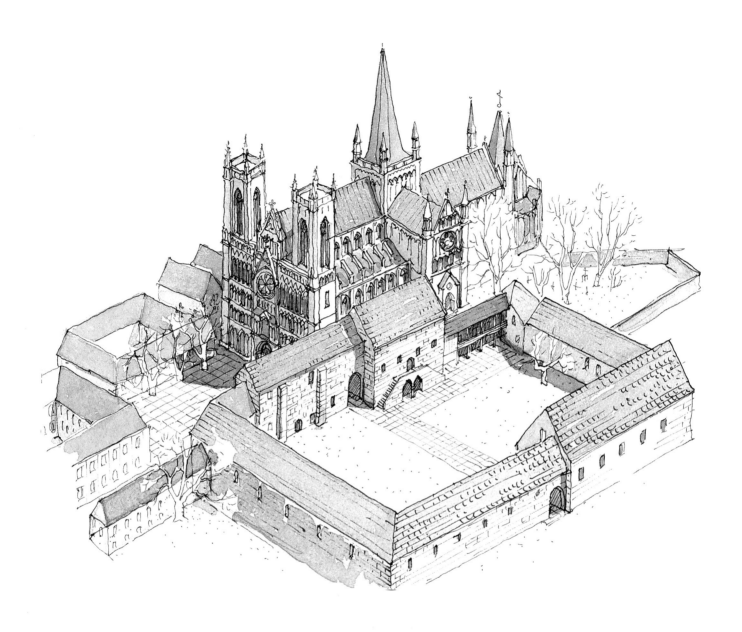

Trondheim ist noch geschichtsträchtiger als Bergen. Um das Jahr 1000 gegründet, war die Stadt bis ins 13. Jahrhundert Residenz der Könige, bis sie nach Bergen übersiedelten. Als kultureller Mittelpunkt des Landes wurde Trondheim Mitte des 12. Jahrhunderts Sitz eines Erzbischofs. Damals wurde mit dem Bau der Nidaroskathedrale begonnen, die nach einem Brand, der 1531 die Stadt mit allen Kirchen und Klöstern, so auch die Domkirche, außen und im Inneren zerstörte, lange Zeit als Steinbruch miß-

braucht wurde. Erst im 19. Jahrhundert begann man mit der Restaurierung und Rekonstruktion, die sich bis 1969 hinzogen. Gleichzeitig wurde der Bischofspalast, dessen zugehörigen Trakte einen geräumigen Hof umgeben, wieder instandgesetzt. Heute strahlt der Dom wie ehedem eine machtvolle Würde aus. Die Stadt selbst wurde nach dem großen Brand nach einem Plan des Generals Cicignon in quadratischem Raster aufgebaut. Sie eignet sich nicht so recht für eine Darstellung in unserem Zusammenhang.

Die frühmittelalterlichen Stabkirchen sind die charakteristischen christlichen Sakralbauten Norwegens. Das Gerüst besteht aus Pfosten, die an Schiffsmasten erinnern. Die Kirche in Heddal gehört zu den größten ihrer Art.

Der Nidarosdom, der nur noch eine Ruine seiner selbst war, steht nach der Restaurierung wieder in alter Pracht da. Die Chorpartie war noch am wenigsten beschädigt.

RIGA

Bei der Behandlung mittelalterlicher Stadtzentren in Europa fehlte bisher ein Hinweis auf die in der Sowjetunion gelegenen Hansestädte. Eine Reise durch das Baltikum nach Nowgorod gab mir Gelegenheit, diesem Mangel abzuhelfen. In der UdSSR wird der Fremdenverkehr als Devisenbringer geschätzt. Da bei den Besuchern die mittelalterlichen Städte als besondere Anziehungspunkte gelten, werden sie durch die staatlichen Denkmalämter im alten Glanz restauriert. So wurde in den vergangenen Jahren die im Kriege stark beschädigte Altstadt von Nowgorod wiederhergestellt. Besonders in Riga und Reval wurden zahlreiche beschädigte Gebäude ausgebessert und die Innenstädte von störenden Einbauten befreit.

Die Altstadt Rigas hat ihr vertrautes Bild bewahrt. Den besten Blick auf das alte Riga mit der Silhouette seiner Türme hat man vom gegenüberliegenden Ufer der Düna. Mittelpunkt der Stadt ist nach wie vor der geräumige Domplatz. Das Gotteshaus hat seine eigentliche Bestimmung verloren; der weite Kirchenraum dient heute der Darbietung klassischer Musik in höchster Qualität. Neben der Marienkirche mit ihrem malerischen Kreuzgang klafft noch manche Baulücke in der Reihe der Häu-

ser, die das Gebäude umgeben. Die Bauverwaltung unternimmt jedoch große Anstrengungen, um das historische Antlitz der lettischen Hauptstadt zu erhalten. Eine Restaurierungswerkstatt ist damit beschäftigt, den mittelalterlichen Fassaden ihr ursprüngliches Aussehen wiederzugeben. Die Baugruppe der „Drei Brüder", unter deren Dächern noch in den ersten Jahrzehnten dieses Jahrhunderts die Lateinschule untergebracht war, ist dafür ein gutes Beispiel.

REVAL

Der älteste Teil Revals ist die hoch über der Altstadt gelegene Burg. Vom Turm dieser Feste überblickt man die Stadt mit ihren engen Gassen und den kleinen Bürgerhäusern mit ihren hohen Giebeldächern. Diese und die zahlreichen Türme geben ihr das Gepräge einer mittelalterlichen deutschen Stadt.

Wie Riga war Reval ein wichtiges Glied der Hanse mit einer so engen Bindung an den Vorort dieses Städtebundes, daß es zu einer festen Redensart wurde: Reval und Lübeck gehören zusammen wie die beiden Arme des Kreuzes. Am Hauptplatz steht das Rathaus als ein ansehnlicher Repräsentationsbau eines selbstbewußten Bürgertums mit seinem hohen Dachreiter, der im Platzgefüge an der einzig richtigen Stelle angeordnet ist. Die Bürger, die sich diesen Bau leisteten, verlangten weitgehende Freiheiten. Sie waren es ja, die durch ihren Fleiß und ihre Intelligenz alle Werte schufen. Die Städte waren damals das Rückgrat des Landes, die Quelle des wirtschaftlichen Fortschritts und der kulturellen Betätigung. Die deutsche Vergangenheit ist in Reval überall gegenwärtig, sei es im Rathaus mit seinen Wandbildern, sei es in der Domkirche mit den Wappen alter Familien oder am Markt mit der ältesten Apotheke des Landes oder gar in den Namen der Wachttürme „Langer Hermann" und „Kiek in de Kök". Unsere Vergangenheit ist deutsch, so sagen es noch manche heutigen Einwohner.

NOWGOROD

Im 9. Jahrhundert kamen Wikinger aus Norwegen nach Rußland. Einer ihrer Fürsten gründete in Nowgorod das erste russische Reich. Lange vor Moskau gab es hier am Wolchow eine befestigte Stadt mit einer freiheitlich gesonnenen Bürgerschaft, unter der sich als Kaufleute und Handwerker viele Deutsche befanden. Auch als die Nachfolger des Gründers ihre Residenz nach Kiew verlegt hatten, führte Nowgorod als Handelszentrum und Wirtschaftsmetropole ein kraftvolles Eigenleben. Die Stadt war durch Wolchow, Ladogasee und Newa mit der Ostsee verbunden. Ihre Lebensadern liefen nach Reval und Riga, vor allem aber nach Lübeck, dem Vorort der Hanse. Dieser Schutzbund der deutschen See- und Handelsstädte unterhielt in Nowgorod ein eigenes Kontor. Die Kaufleute brachten nicht nur Waren und Kulturgüter in die Stadt, sondern auch Ideen und Erfahrungen. Im Gegensatz zum Hang nach byzantinischer Vergöttlichung der Herrschaft wie in Kiew entwickelte sich hier sehr früh der Anspruch der Bürger, an der Stadtentwicklung mitzuwirken.

Ähnlich wie in Bergen gab es in Nowgorod eine „Deutsche Mole", wo die Hansekoggen anlegen konnten. Im Peterhof wohnten die deutschen Kaufleute, Steinmetzen und Glockengießer. So wurde die Stadt ein Symbol für das fruchtbare Zusammenwirken verschiedener Volksgruppen und ein lebendiger Beweis dafür, daß eine gesunde Gemeinschaft ihren Wohlstand aus der freien Mitarbeit aller Bürger gewinnt und nicht aus Weisungen von oben. Die prächtigsten Gebäude sind auf der Sophienseite der Stadt innerhalb der Burgmauern zu finden. Im Kreml steht die zweitälteste Kathedrale des mittelalterlichen Rußland. Bei der Errichtung des erzbischöflichen Palastes wirkten deutsche Bauleute mit, was man an der Anlehnung an zeitgenössische deutsche Architektur erkennen kann.

Diez an der Lahn

74

10	TOURNAI	24	DER RHEINGAU	35	RÜDESHEIM	46	SOEST	60	ROSTOCK
12	OUDENAARDE	26	NIEDERWALLUF	36	LORCH	48	PADERBORN	62	STAVANGER
14	KORTRIJK	27	MARTINSTHAL	38	BACHARACH	50	LEMGO	64	BERGEN
16	TRIER	28	ELTVILLE	40	LIMBURG	52	HAMELN	66	TRONDHEIM
18	AACHEN	30	RAUENTHAL	42	GELNHAUSEN	54	HILDESHEIM	68	RIGA
20	XANTEN	32	KIEDRICH	43	WIMPFEN	56	BREMEN	70	REVAL
22	MAINZ	34	WINKEL	44	OSNABRÜCK	58	MAGDEBURG	72	NOWGOROD

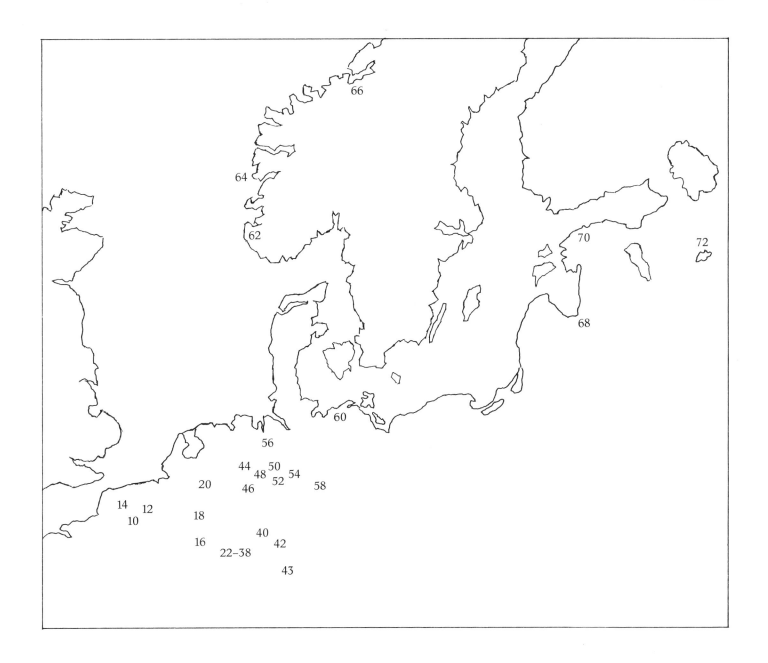